AF358566

GLUME, *Gluma.* — Enveloppe extérieure des Fleurs des Graminées. *Voy.* pag. 276.

CUPULIFORME, *cupuliformis.* — Ressemblant pour la forme à une cupule. — [*Alopecurus agrestis.* etc.].

UNIFLORE, *uniflora* [Pl. 32, fig. 1 B... fig. 3.]. — [*Alopecurus agrestis. Agrostis dulcis. Saccharum officinale. Oryza sativa. Hordeum cœleste, vulgare. Tripsacum dactyloïdes.* etc.].

BIFLORE, *biflora* [Pl. 32, fig. 1 E *a.*]. — [*Panicum. Holcus mollis, lanatus. Aira Caryophyllea. Tripsacum dactyloïdes.* etc.].

TRIFLORE, *triflora.* — [*Ægilops ovata, - triuncialis.* etc.].

MULTIFLORE, *multiflora* [Pl. 32, fig. 6 A.]. — [*Briza. Cynosurus. Festuca fluitans. Lolium. Holcus sorghum. Avena. Bromus. Secale.* etc.].

INVOLUCRÉE, *involucrata.* — Entourée d'un involucre. — [*Cynosurus cristatus.* etc.].

PLUS LONGUE que la glumelle, *glumellâ longior.* — [*Elymus giganteus. Avena fatua, - sterilis. Arundo epigeios. Agrostis rupestris.* etc.].

PLUS COURTE que la glumelle, *glumellâ brevior.* — [*Bromus dumetorum, arvensis. Secale cereale.* etc.].

UNISPATHELLÉE, *unispathellata* [Pl. 32, fig. 7 *a.*]. — [*Scirpus palustris.* etc.].

BISPATHELLÉE, *bispathellata* [Pl. 32, fig. 1 BE *a.*... fig. 6 A *a.*]. — [*Bromus. Triticum. Avena. Secale. Tripsacum dactyloïdes.* etc.].

SPATHELLES, *spathellæ.* — Pièces de la Glume. *Voy.* pag. 277.

Obs. Les Spathelles d'une Glume sont semblables ou dissemblables entre elles. Ainsi les épithètes suivantes caractérisent tantôt les deux spathelles à-la-fois, et tantôt une seule, soit l'inférieure, soit la supérieure.

ALTERNES, *alternæ.* — [Pl. 32, fig. 1 BE. — Pl. 33, fig. 9 B. *a. b.*]. — Lorsque deux spathelles en regard sont attachées l'une au-dessus de l'autre, ce qui donne lieu à cette distinction de spathelle supérieure et de spathelle

RÉFUTATION
DU RAPPROCHEMENT

PUBLIÉ PAR LE Sʳ MULLER,

SUIVIE

DE L'EXAMEN DE SA THÉORIE.

PARIS. — IMPRIMERIE DE DEMONVILLE,
rue Christine, n° 2.

RÉFUTATION
DU RAPPROCHEMENT

PUBLIÉ PAR LE Sr MULLER,

ENTRE SA THÉORIE SUR L'ESCRIME A CHEVAL,

IMPRIMÉE EN 1816,

ET

L'INSTRUCTION SUR LE MANIEMENT DU SABRE,

RÉDIGÉE ET LITHOGRAPHIÉE POUR L'USAGE DE L'ÉCOLE DE
CAVALERIE ÉTABLIE A VERSAILLES EN 1824;

SUIVIE

DE L'EXAMEN DE LA THÉORIE MULLER.

PAR UN OFFICIER GÉNÉRAL.

PARIS,

ANSELIN ET POCHARD, successeurs de MAGIMEL,
LIBRAIRES DE LA GARDE ROYALE ET DES TROUPES DE TOUTES ARMES,
RUE DAUPHINE, N° 9.

1826.

AVERTISSEMENT.

Notre adversaire a publié, dans le format in-4°, un rapprochement de quelques pages entre sa théorie sur l'escrime à cheval et l'instruction rédigée et lithographiée par notre ordre en 1824, pour l'usage de l'école de cavalerie établie alors à Versailles.

Nous allons faire apprécier ce rapprochement à sa juste valeur. Des chiffres de renvoi aux pages et aux articles des ordonnances tant françaises qu'étrangères, nous dispenseront souvent d'en réimprimer le texte, et rendront les recherches aussi faciles à ceux qui voudront les faire, que ce travail l'a été pour nous-mêmes.

Notre instruction ne contient ni plus ni moins que 16 pages; les trois premières sont exclusivement consacrées aux différens temps de l'inspection des armes, en ce qui concerne le sabre, tels qu'on les trouve dans l'ordonnance sur l'exercice et les manœuvres de la

cavalerie, du 1ᵉʳ vendémiaire an XIII. Croi-
rait-on que le sieur Muller les revendique
comme sa propriété ? Il s'est apparemment
imaginé que la manière d'ouvrir et de serrer
les rangs lui avait été volée, et, qu'avant lui,
la cavalerie française n'avait jamais mis le
sabre à la main. Quant aux treize autres pages,
nous lui prouverons, non-seulement qu'elles
ne lui appartiennent pas plus que les trois
premières, et que nous ne lui avons rien
dérobé de ce qu'il a pris, mais que nos commandemens, nos temps, nos mouvemens, et
le détail de leurs définitions diffèrent essentiellement de ceux de sa théorie.

Lorsque l'on travaille sur les mêmes ma-
tières, surtout en fait de règlemens, et que
l'on a puisé aux mêmes sources, il est impossible de ne pas se rencontrer en quelques points, puisqu'il s'agit de faire exécuter
les mêmes choses. Tous ceux qui ont écrit
sur la fortification après Vauban, ont parlé de
bastions et de courtines, comme ceux qui ont
écrit sur l'équitation depuis la Guérinière,

ont parlé de longes et de caveçons. M. la Boëssière n'a point fait de procès à M. la Faugère,
ni à M. Chatelain pour avoir écrit sur l'art
des armes. Nos cours de physique, de chimie,
de fortification, de topographie, d'artillerie,
d'administration militaire, etc., étant tous li-
thographiés pour être mis entre les mains de
chacun de nos élèves, on voit que nous aurions
beaucoup à faire, si tous les savans, tous les
écrivains, tant nationaux qu'étrangers, qui ont
publié des ouvrages sur ces différentes scien-
ces, nous intentaient des procès en contrefaçon. Le sieur Muller est heureusement le seul à
qui la fantaisie en soit venue ; il aurait peut-
être été mieux inspiré de ne point s'adresser
à nous, et de continuer à exploiter l'escrime
à cheval. I est probable qu'à moins d'être
provoqués, nous l'eussions laissé se livrer pai-
siblement à une branche d'industrie qui peut
en valoir une autre, et qui, jusqu'à présent,
lui a été, par le fait, assez profitable. Mais des
succès inespérés dans une cause analogue à la
nôtre, quoiqu'elle en soit cependant fort dif-

férente, ont tellement affriandé le sieur
Muller, qu'il est venu nous chercher noise.
Il n'a pas réfléchi que nous avions non-seulement le droit, mais le devoir de faire rédiger
et lithographier, pour une école placée sous
nos ordres, une instruction sur un exercice
qu'une ordonnance du Roi avait mis au nombre de ceux qui devaient y être enseignés ;
que nous pouvions même faire imprimer
cette instruction, si nous l'eussions voulu,
et à tel nombre d'exemplaires que nous aurions jugé convenable, par la raison toute
simple que l'on ne peut nous contester,
comme particulier, le droit de jouir d'une
liberté dont a très-largement usé M. Muller.
Il lui a plu de rédiger à sa manière une théorie sur l'escrime à cheval; il nous a convenu
d'en rédiger une, comme nous l'avons en-
tendu, sur le maniement du sabre ; or, il est
permis, à qui veut s'en donner le plaisir, d'en
faire autant, et M. Muller, citoyen français
de fraîche date, ne doit pas jouir exclusivement d'un droit qui nous serait refusé. Mais

il y a bien d'autres choses auxquelles il n'avait pas pensé, et nous en avons déjà fourni la preuve.

Les personnes qui ne connaissent point nos ordonnances militaires, se figureront peut-être que M. Muller est l'auteur ou un des auteurs de celle du 1.er vendémiaire an XIII, puisqu'il réclame la propriété d'une partie des articles qui la composent. Nous leur dirons donc que le nom du sieur Muller ne se trouve point parmi ceux de ses rédacteurs ; que cette ordonnance est d'ailleurs calquée sur celle de 1788, laquelle succédait elle-même à beaucoup d'autres. Le rapport de la commission chargée de la rédaction de l'ordonnance du 1er vendémiaire an XIII dit, à toutes les pages, que l'on s'est conformé à celle de 1788, quelquefois à celle de 1777, et qu'on a fait, non une ordonnance nouvelle, mais une nouvelle rédaction plus méthodique et plus simple (*Voir* ce rapport qui précède l'ordonnance du 1er vendémiaire an XIII) ; d'où il faut conclure que, selon toutes les probabilités, la cavalerie française pourrait bien avoir été dans l'usage de mettre le sabre à la main, avant même que le sieur Muller fût venu au monde.

Après avoir fait ressortir la bonne foi et l'exactitude du rapprochement publié par notre adversaire, nous examinerons sa théorie.

RÉFUTATION

DU RAPPROCHEMENT

PUBLIÉ PAR LE Sʳ MULLER,

Entre sa Théorie sur l'Escrime à cheval, imprimée en 1816, et l'Instruction sur le Maniement du Sabre, rédigée et lithographiée pour l'usage de l'École de Cavalerie établie à Versailles en 1824.

Noᴛᴀ. Nous avons placé dans la colonne à gauche les articles de notre Instruction revendiqués par le Sʳ Muller, en conservant les numéros des pages et des articles tels qu'il les a donnés dans son Rapprochement.

Articles de l'Instruction de 1824, revendiqués par M. Muller.	*Défense des articles ci-contre.*
Page 1, premier alinéa. Compose le peloton d'instruction du nombre de *seize* hommes.	Voyez ordonnance de la cavalerie, du 1ᵉʳ vendémiaire an XIII, édition de 1815, page 180, n° 176. « Les cavaliers, avant de mon- » ter à cheval, seront formés sur » deux rangs ouverts, formant » ensemble une troupe de *seize* » à vingt-quatre hommes. » Voyez les planches 38 à 65,

Articles de l'Instruction de 1824.

Défense des articles ci-contre.

se rapportant aux 3ᵉ, 4ᵉ, 5ᵉ et 6ᵉ leçons de l'école du cavalier à cheval ; elles représentent toujours une troupe de *seize* hommes ; leur intitulé porte *seize cavaliers formés...* etc.

Page 1, article 2.
En arrière, = *Ouvrez vos rangs.*

Voyez même ordonnance, page 213, numéro 259, et page 239, numéro 320.

Article 5, page 3.
Sabre = (A LA) MAIN.

Voyez même ordonnance, pag. 221, numéro 282, et page 216, numéro 267.

Article 6, page 3.
Haut (LE) SABRE.
Portez (LE) SABRE.

Voyez même ordonnance, pag. 221 et 222, numéro 283.—Pag. 216, numéro 267. — Pag. 231 et 232, numéro 302.

Article 9, page 4.
Prenez vos distances. Mesurez vos distances.

Voyez règlement du 24 septembre 1811 sur l'exercice et les manœuvres de la lance, faisant suite à l'ordonnance du 1ᵉʳ vendémiaire an XIII, pag. 456, numéro 12, et pag. 465, numéro 27.

Voyez aussi notre Recueil de théories étrangères.

Théorie autrichienne, pages 17, 19, 20 et 21.

Articles de l'Instruction de 1824.

Défense des articles ci-contre.

Théorie hessoise, pages 32, 41, 45 et 46.

Article 1, page 1.
Article 8 et 9 de la page 4.

Voyez les observations précédentes qui s'y rapportent. M. Muller dispute encore ici à nos ordonnances la manière d'ouvrir, de serrer les rangs, et de prendre les distances, ou plutôt il a voulu, pour en imposer à ses juges, étaler une longue kyrielle de réclamations.

Nota. Article 9, page 4. Poignet fermé, poignet ouvert.

Voyez les dictionnaires de la langue française, les traités d'anatomie, l'Encyclopédie.

Articles *main, poignet, poing.*

Notre définition a deux lignes ; celle de M. Muller tient une page in-4°.

Article 10, page 4. *Présentez = tierce.*

Tierce et *quarte* sont des termes d'escrime français, que l'on trouve à toutes les pages et avec les explications les plus minutieuses dans tous les ouvrages sur l'art des armes.

Voyez Danet, la Boëssière, la Faugère, le colonel Chatelain, l'Encyclopédie, sur l'escrime ; et le lieutenant-général comte de

Défense des articles ci-contre.

la Roche-Aymon, qui, dans un ouvrage fort estimé, intitulé *des troupes légères*, donne sur l'escrime à cheval une théorie complète, qu'il a introduite et mise en pratique, il y a vingt ans, dans le régiment sous ses ordres au service de Prusse. C'est même depuis cette époque que l'ordonnance prussienne contient une instruction sur l'escrime à cheval.

Voyez aussi ordonnance du 1er vendémiaire an XIII, pag. 221, n° 283, et pag. 232, n° 302. *Course des têtes.* Définition du poignet tourné en tierce ou en quarte.

Voyez l'observation qui précède.

Voyez notre Recueil de théories étrangères ; théorie autrichienne, page 2.... « Le manie- » ment du sabre se pratiquant à » pied d'après les mêmes prin- » cipes, avec les mêmes mouve- » mens de corps qu'à cheval, et » en maintenant le poignet gau- » che dans la même position que » si le cavalier tenait les rênes de » la bride.... »

<table>
<tr><td>Articles de l'Ins-
truction de 1824.</td><td>Défense des articles ci-contre.</td></tr>
</table>

Théorie prussienne, page 28.
« On commencera par faire pra-
» tiquer aux recrues le manie-
» ment du sabre à pied, en leur
» faisant prendre, autant que
» possible, la même position qu'ils
» doivent avoir à cheval, et par
» conséquent la main gauche sera
» placée comme si elle tenait les
» rênes. »

Théorie hessoise, page 33. « Le
» cavalier place son pied droit à
» un pas sur le côté, porte le
» haut du corps un peu en avant,
» et la main gauche devant le mi-
» lieu du bas-ventre. On lui ex-
» pliquera qu'on lui fait prendre
» cette position pour simuler
» celle qu'il tient à cheval. »

Voyez pour la définition de la
PARADE :

Théorie autrichienne, page 3;
Théorie prussienne, page 26;
Théorie hessoise, page 33;
et particulièrement pour l'*offensive et défensive* PARADE, qui est
le *dada* de notre adversaire.

Voyez théorie autrichienne,
pages 7, 8, 9, 12 et 13, en se

Articles de l'Ins-
truction de 1824.

Défense des articles ci-contre.

rappelant que les mots *offensive* et *défensive* se trouvent en bel et bon français dans les commandemens allemands, et le mot *parade* à tout instant dans le texte des ordonnances étrangères.

Il ne faut pas oublier non plus qu'après chaque coup de sabre et de pointe, les trois théories allemandes prescrivent de revenir chaque fois à la *parade*, d'où doivent être exécutés tous les mouvemens, soit d'attaque, soit de défense.

Voyez théorie autrichienne, pages 4, 5, 6, 8, 9, 11, 12, 13, 14, 15, 22;

Théorie prussienne, pages 29 et 30;

Théorie hessoise, pages 33, 34, 36, 38, 41, 42, 43, 45, 46 et 47.

Article 13, page 5.
En tierce, =
POINTEZ.
1 temps, 4 mouvemens.

M. Muller dit :

Pointe en tierce.

1 temps, 5 mouvemens.

Voyez l'observation précédente sur l'article 10, pag. 4.

Plus, théorie autrichienne, pag. 5, jusques et y compris la pag. 15;

Articles de l'Instruction de 1824.

Défense des articles ci-contre.

Théorie prussienne, page 29;
Théorie hessoise, pag. 36 et 37;
et pour les commandemens, le règlement du 24 septembre 1811, où se trouvent tous les coups de pointe de la lance, de la page 467 à 472, numéros 29 à 40.

Article 14, page 6.
En quarte, =
POINTEZ.
1 temps, 4 mouvemens.

M. Muller dit :
Coup de pointe en quarte.
1 temps, 5 mouvemens.
Voyez l'observation précédente.

Article 15, page 6.
En tierce, =
SABREZ.
1 temps, 4 mouvemens.

M. Muller dit :
Coup de sabre en tierce.
1 temps, 5 mouvemens.
Voyez ordonnance du 1er vendémiaire an XIII, pages 221 et 222, numéro 283; pages 231 et 232, numéro 302. *Course des têtes.*
Plus, les trois théories allemandes, où les coups de sabre ne manquent pas.

Article 16, page 6.
En quarte, =
SABREZ.
1 temps, 4 mouvemens.

M. Muller dit :
Coup de sabre en quarte.
1 temps, 5 mouvemens.
Voyez l'observation précédente.

Articles de l'Instruction de 1824.

Article 18, page 7.
A droite pour la tête, = PAREZ.
1 temps, 6 mouvemens.

Article 19, page 8.
A gauche pour la tête, = PAREZ.
1 temps, 6 mouvemens.

Article 20, page 9.
En arrière à droite, = PAREZ.
1 temps, 5 mouvemens.

Article 21, page 9.
En arrière à gauche, = PAREZ.
1 temps, 5 mouvemens.

Défense des articles ci-contre.

M. Muller dit :
Parade de tête en tierce.
1 temps, 6 mouvemens.
Voyez, à presque toutes les pages, les parades dans les trois théories allemandes.

M. Muller dit :
Parade de tête en quarte.
1 temps, 6 mouvemens.
Voyez les trois théories allemandes.

M. Muller dit :
Couvrez-vous en arrière.
1 temps, 2 mouvemens.

Couvrez l'épaule gauche.
1 temps, 1 mouvement.
Couvrez l'épaule droite.
1 temps, 1 mouvement.
Nous prétendons que les commandemens ci-contre sont meilleurs que ceux de notre adversaire ; mais il ne faut point disputer des goûts.

Voyez théorie autrichienne, pages 5, 6 et 9 ;

Articles de l'Instruction de 1824.

Défense des articles ci-contre.

Théorie prussienne, pag. 26 et 27;

Théorie hessoise, pages 35, 36, 37 et 40.

Voyez aussi le règlement du 24 septembre 1811, pour les parades de la lance, pages 470 et 471, numéros 38, 39 et 40.

Article 22, page 9.
Coup de lance à droite, ══ PARÉZ.
1 temps, 6 mouvemens.

M. Muller dit :
Contre lanciers à droite.
1 temps, 8 mouvemens.
Voyez règlement du 24 septembre 1811, les parades de la lance, pag. 470 et 471, numéros 38, 39 et 40.

L'instruction autrichienne pour les flanqueurs, que nous allons publier, donne, avec beaucoup de détail, toutes les applications de l'escrime à cheval, et notamment dans le combat entre le cavalier armé du sabre et le lancier.

Article 23, pag. 10.
Coup de lance à gauche, ══ PARÉZ.
1 temps, 6 mouvemens.

M. Muller dit :
Contre lanciers à gauche.
1 temps, 8 mouvemens.
Voyez l'observation précédente.

Articles de l'Instruction de 1824.

Défense des articles ci-contre.

Article 24, pag. 10.
Contre infanterie à droite, = PAREZ.
1 temps, 6 mouvemens.

M. Muller dit :
Contre l'infanterie à droite.
1 temps, 3 mouvemens.
Voyez pages 7 et 8 de la théorie autrichienne, dans laquelle M. Muller a pris toute la sienne, et notamment l'*offensive et défensive parade*, ainsi que le combat du cavalier contre le fantassin.

Voyez aussi théorie prussienne, page 29.

Article 25, pag. 11.
Contre infanterie à gauche, = PAREZ.
1 temps, 6 mouvemens.

M. Muller dit :
Contre l'infanterie à gauche.
1 temps, 3 mouvemens.
Voyez l'observation précédente.

Article 27, pag. 12.
A gauche, = moulinet.
1 temps, 6 mouvemens.

M. Muller dit :
Préparez - vous pour faire le moulinet.
1 temps, 3 mouvemens.
Voyez théorie autrichienne, les six coups de sabre et la figure, pages 4, 5 et 6;

Théorie prussienne, page 27 ;

Théorie hessoise, coup de sabre d'escadron, pages 38 et 39.

Plus, règlement du 24 sep-

Articles de l'Ins-
truction de 1824.

Défense des articles ci-contre.

tembre 1811 , page 469 , numéro 36 , le commandement :

Par moulinet en arrière
à gauche.

Article 26, pag. 11.
A droite,=*mou-*
linet.

1 temps, 6 mouvemens.

Même observation que la précédente.

Articles 30, 31, 32 et 33, pages 13 14 et 15.

Il y a été répondu dans les observations qui précèdent.

Quant à l'article 34, page 15, *serrez vos files à droite* (ou *à gauche*).

Voyez ordonnance du 1er vendémiaire an XIII, page 262, numéro 366, et règlement du 24 septembre 1811 , page 458, numéro 15, et page 473, numéro 41 : le commandement : *Serrez vos files à droite* (ou *à gauche*).

Notre adversaire termine ainsi son rapprochement.

« Quel que soit le déguisement dont on a cher-
» ché à revêtir la contrefaçon , elle est évidente,
» elle est palpable, et nous espérons que ces
» rapprochemens éclaireront la religion de nos
» juges. »

2

Nous dirons à notre tour :

Quel que soit le déguisement dont on a cherché à revêtir l'imposture, elle est évidente, elle est palpable, et nous espérons que ces rapprochemens éclaireront la religion de nos juges.

——

EXAMEN

DE

LA THÉORIE MULLER,

SUR L'ESCRIME A CHEVAL.

En examinant la théorie Muller, nous justifierons notre assertion, que cette théorie, telle que son auteur l'a fabriquée, est inapplicable à la cavalerie française. Cet examen doit être précédé de quelques observations qui ne nuiront point à son intelligence.

M. Muller a pris sa méthode dans le règlement autrichien de 1806, ou dans les éditions antérieures, qui n'ont éprouvé que de très-légères modifications. Il a amplifié, délayé la matière, comme il lui a plu ; jusque-là on n'a point de reproche à lui faire. Il était bien le maître de composer son ouvrage comme il l'entendait. Mais il doit permettre aux autres d'en faire autant, et même trouver bon que l'on prenne la liberté grande de ne point adopter sa théorie, si on a le malheur de ne pas en apprécier le mérite.

Quant aux planches dont il a enrichi son livre, leur composition présentait peu de difficultés :

2*

elle résultait tout bonnement des différentes po-
sitions qu'il voulait faire prendre au cavalier.
Cependant ces planches mêmes ne sont pas de
son invention ; elles sont copiées pour la plupart
d'un ouvrage qui a paru en Prusse, en 1801 ,
format de petit atlas, et dont l'auteur est un
M. Schmidt, professeur d'escrime de l'école des
Gadets à Berlin. La théorie anglaise de 1796 contient aussi un grand nombre de planches, dans
lesquelles on retrouve toutes celles de M. Muller.
Cette théorie, assez volumineuse, basée sur l'an-
cienne théorie autrichienne, qui a servi de type
à toutes les autres, donne comme elle pour
principe fondamental de l'escrime à cheval ,
les six coups de sabre dont la réunion compose
le moulinet ; elle entre du reste dans de plus
grands développemens que le règlement autrichien, dont elle divise et subdivise les temps
jusqu'à l'infini ; toutefois il est aisé de reconnaître
que le fonds est le même, et que beaucoup de
détails sont identiques.

Les matériaux n'ont donc point manqué à
M. Muller ; mais il s'est bien gardé d'en parler ;
il se prétend inventeur. On doit savoir maintenant à quoi s'en tenir à cet égard.

Nous allons faire connaître en peu de mots
l'historique de sa théorie,

S. Exc. le Ministre de la guerre l'adressa au
comité de cavalerie, qui la reçut dans sa séance
du 12 mars 1817, ainsi qu'une autre théorie sur

l'escrime à cheval, que M. Muller appelle dans plusieurs écrits *une contrefaçon détériorée de la sienne* (1), mais dont le comité, comme on le verra tout à l'heure, a porté un tout autre jugement. Les deux théories avaient été mises à l'essai à l'école de Saumur; le comité était invité par le Ministre à donner son avis sur l'une et sur l'autre.

Ce comité se composait de cinq lieutenans-généraux inspecteurs généraux, et d'un maréchal de camp inspecteur de l'arme. Un de MM. les lieutenans-généraux fut chargé d'examiner les deux théories, et d'en faire le rapport.

Après délibération, le comité prononça à l'unanimité, dans sa séance du 7 juillet 1817, que la théorie prétendue détériorée, à laquelle M. le rapporteur avait proposé un seul changement, qui fut adopté, était infiniment préférable à la théorie Muller. Cette opinion fut consignée sur le registre des délibérations, et insérée dans le rapport général des travaux du comité, présenté à S. Exc. le Ministre de la guerre.

Nous n'avons jamais trop bien compris comment le major Muller, dont le nom et la qualité figurent imprimés en gros caractères sur le titre de la théorie de 1816, se trouve être la même personne que M. le capitaine Muller d'aujour-

----

(1) Voyez ses pétitions au Roi et aux Chambres.

d'hui, se disant auteur du même ouvrage, et se prétendant l'inventeur de l'escrime à cheval. Il est cependant indubitable que le major et le capitaine ne font qu'un, sans quoi l'un aurait sûrement fait à l'autre un bon procès, qui n'eût point été sans fondement.

Nous avons dit que la théorie Muller avait été mise à l'essai à Saumur (1), ainsi que l'autre théorie prétendue détériorée. Or l'on sait que, lorsqu'il y a essai, et de plus, concurrence, il n'est pas toujours dit que le succès doive immanquablement répondre à ce que l'on avait espéré. Il n'est pas dit non plus que, quand on fait exécuter en plein vent, par quelques centaines d'hommes, un exercice quelconque, le secret soit toujours bien religieusement gardé. Il serait d'ailleurs aussi dérisoire de le demander, que de prétendre arracher de la mémoire d'un si grand nombre d'individus le souvenir de détails qui ne s'y sont pas introduits sans peine et sans des épreuves réitérées. Il faut donc que M. Muller s'attende qu'il pourra bien voir éclorre, de tous les coins de la France, une multitude de petites théories détériorées, qui n'ont point encore vu le jour ; ce qui peut devenir pour lui une mine à procès aussi inépuisable que lucrative. Loin de s'en plaindre, il doit s'en applaudir ; les procès

____

(1) M. Muller le dit lui-même dans ses pétitions.

lui rendent plus que la vente de sa théorie : triste spéculation, dont il s'est arrangé de manière à ne pas tirer grand parti désormais.

Lorsqu'en 1816, il a adressé sa théorie à Son Exc. le Ministre de la guerre, ce n'était probablement pas pour qu'elle restât ensevelie dans les cartons. Il a même long-temps obsédé le Ministère de ses sollicitations. Si M. Muller avait voulu conserver la propriété exclusive de sa méthode, il ne fallait pas l'envoyer au ministère de la guerre, en demander la mise à l'essai, et le renvoi de l'ouvrage à un comité ; il ne fallait pas surtout se faire appeler à des commissions, prendre part à leurs travaux, et encore moins se faire payer plus de 22,000 francs, tant pour le prix de *deux cents exemplaires* à 12 fr., qu'en gratifications qui se montent à plus de 10,000 fr., et le reste en traitemens extraordinaires ou autres, toujours pour la mise en pratique d'une malheureuse méthode, qui se paierait sans doute un peu moins cher aujourd'hui que l'on peut, pour 1 franc 50 c., s'en procurer l'édition originale.

Voyons maintenant ce que c'est que la théorie de M. Muller.

Quand on se mêle de rédiger un ouvrage réglementaire pour une arme quelconque, il faut commencer par connaître à fond les ordonnances qui la constituent et la régissent, afin de se mettre d'accord avec elles. C'est ce dont ne s'est nullement inquiété M. Muller. En contradiction perpétuelle avec les principes, il nous donne un fatras de commandemens, qui n'ont ni queue ni tête. Après les commandemens préparatoires, presque toujours longs, traînans et sans expression, on cherche vainement celui d'exécution.

Nous allons prendre la théorie Muller à la première page, et nous ne la quitterons qu'à la dernière.

Page 1. *Préface.*

M. Muller reproche aux Français de s'être « principalement occupés de l'étude de la pointe, » genre d'escrime destructif pour le soldat, par » l'habitude qu'il a prise de s'en servir dans ses » querelles particulières, *et totalement inutile à* » *l'armée.* »

Il n'y a pas un officier de cavalerie en France, qui ne soit d'un avis absolument contraire à cette dernière assertion démentie par l'expérience de tous les temps ; le coup de pointe a toujours rendu la cavalerie française très-redoutable. L'offensive, dans l'escrime à cheval, se composant d'autant de coups de pointe que de coups de sabre, nous ne voyons pas comment la pratique de cet exercice rendrait les querelles particulières moins fréquentes et moins meurtrières.

Page 3. *Introduction.*

L'escrime à cheval n'est pas composée, ainsi

que le prétend M. Muller, de l'équitation et du maniement du sabre ; ce sont deux choses très-distinctes, mais dont la réunion est nécessaire. Il est aisé de concevoir que le plus habile espadonneur ferait dans le combat une fort triste figure, s'il était mauvais cavalier.

Page 5. *Instruction à cheval.*

On ne voit pas trop ce que signifie « ils feront (les cavaliers) l'exercice à cheval dans l'ordre de guerre.

Page 6. *Ordre et division du travail.*

Sans s'inquiéter de la distinction *du travail de l'hiver et du travail de l'été*, prescrite par l'ordonnance, M. Muller veut que l'on donne deux leçons d'escrime à cheval par jour. Il croit que l'on n'a que cela à faire, et que quand on sait l'escrime à cheval, on peut se passer de tout le reste, même de l'école d'escadron et des manœuvres. A la vérité, il veut bien nous dire que le rassemblement se fera *à l'heure qu'il plaira au colonel de fixer*, ce qui est sans doute fort honnête.

Page 7. *Police.*

Nous ne voyons pas ce que vient faire ici *un* lieutenant-colonel, comme s'il y en avait par douzaine dans un régiment.

Il est pour le moins inutile de dire que « les » instructeurs ont le droit d'envoyer un cavalier

» à la salle de police, dans le cas de désobéis-
» sance, en faisant leur rapport avant la retraite. »
Les règlemens existans ne tolèrent la désobéis-
sance nulle part, et donnent les moyens de la
réprimer partout.

Page 8. *Du repos.*

On retrouve encore ici le lieutenant-colonel
faisant sonner le repos et le rassemblement tous
les quarts d'heure, ce qui ne laisse pas que d'être
un passe-temps fort agréable pour un officier
supérieur d'un grade aussi élevé. Le lieutenant-
colonel surveille l'instruction ; mais il n'est point
instructeur.

L'article 370 du règlement sur le service intérieur porte, *que les rassemblemens des classes
s'opèrent par les soins des instructeurs, etc., et
que, c'est aux instructeurs et aux officiers employés sous leurs ordres, à conduire la troupe
sur le terrain d'exercice, et à la ramener en ordre
au quartier.*

M. Muller fait avec raison l'éloge du règlement
sur le service intérieur ; mais il fallait le lire et
s'y conformer.

Page 9. *Choix des surveillans.*

Cette page est absolument inutile ; les règlemens ont pourvu à la police et au maintien de
l'ordre, dans les classes comme ailleurs.

Page 10. *Promotion des classes.* — Page 11.
Entrée à l'école.

Pourquoi M. Muller veut-il introduire des changemens dans les règlemens en vigueur ; tout y est prévu, et s'applique aussi bien à un genre d'exercice qu'à un autre.

Page 12. *Mettre le sabre à la main.*

M. Muller commande :

Main au sabre = Tirez.

Il faut rendre justice à M. Muller ; cette idée-là est bien de lui, et il ne l'a prise nulle part : mais pourquoi changer le commandement de l'ordonnance ; à quoi bon d'avoir deux manières de mettre le sabre à la main ?

Pourquoi le salut à son chef, que M. Muller fait faire par le cavalier chaque fois qu'il tire son sabre ? Le salut sous les armes consiste à porter ou présenter l'arme ; il ne peut en exister d'autre.

Page 15. *De l'inspection et de l'instruction sur le poignet.*

M. Muller commande :

Garde à vous = *pour passer à l'ins-*
pection du poignet.
Présentez le = Poignet ouvert.
Présentez le = Poignet fermé.

Tout cela est au moins inutile, mal sonnant,

et n'est point conforme aux principes de nos ordonnances. Les temps de l'inspection des armes valent certainement mieux, et ne laissent rien à désirer.

Page 16. *Ouvrir les rangs.*

M. Muller commande :

A droite et à gauche, ouvrez vos rangs à la pointe du sabre.

L'explication « en conservant la distance de » quatre pas de *profondeur* » est loin d'être satisfaisante; elle est de plus en contradiction avec les principes.

Il ne suffit pas de faire ouvrir les rangs ; il faut encore faire ouvrir les files, et M. Muller l'a oublié ou mal exprimé. Ce ne sont point les rangs, mais les *files* que l'on ouvre à la pointe du sabre. L'ordonnance du 1er vendémiaire an XIII, et le règlement du 24 septembre 1811, prescrivent la manière d'ouvrir, de serrer les rangs et les files, et de prendre les distances. Il fallait s'y conformer.

Page 17. *De la parade offensive et défensive.*

Nous n'avons rien à ajouter à tout ce que nous avons déjà dit sur l'*offensive et défensive parade.*

Page 18. *Du moulinet.*

Nous n'en dirons guère davantage du *moulinet*, que nos lanciers exécutent sans la permission de M. Muller, mais conformément aux articles du règlement du 24 septembre 1811.

Page 19. *Instruction sur le moulinet.*

M. Muller commande :

Préparez-vous à faire le moulinet.

Il était plus simple de prendre le commandement prescrit par le règlement du 24 septembre 1811, ou l'équivalent.

Voyez nos observations sur le rapprochement publié par M. Muller.

Page 20. *Offensive en tierce, coup de pointe.*

M. Muller commande :

Pointe en tierce.
Offensive et défensive = PARADE.

C'est mettre la charrue devant les bœufs, et M. Muller n'y manque jamais.

La parade offensive et défensive devant toujours précéder chaque mouvement, c'était par elle qu'il fallait commencer, et ensuite commander : *en tierce =* POINTEZ.

M. Muller est ennemi déclaré des commandemens d'exécution.

Page 21. *Offensive en tierce, coup de sabre.*

M. Muller commande :

Coup de sabre en tierce ;
puis, *offensive et défensive =* PARADE.

Même observation que la précédente.
Il fallait commander : *en tierce* === SABREZ.

Page 22 et 23. *Offensive en quarte.*

Même observation sur les commandemens.

Coup de pointe en quarte.
Coup de sabre en quarte.

Il fallait commander :

En quarte === POINTEZ.
En quarte === SABREZ.

Pages 24 et 25. *Offensive à gauche—et à droite.*

Même observation sur les commandemens :

Coup de pointe à gauche.
Coup de pointe à droite.

Il fallait commander :

A gauche === POINTEZ.
A droite === POINTEZ.

comme il est dit dans le règlement du 24 septembre 1811.

Pages 26 et 27. *Parade de tête contre la cavalerie légère.*

Pourquoi pas contre toute espèce de gens qui s'avisent de donner des coups de sabre sur la tête?
M. Muller commande :

Parade de tête en quarte.
Parade de tête en tierce.

Même observation que ci-dessus : même aver-

sion de M. Muller pour les commandemens d'exécution.

Il fallait commander :

A droite (ou *à gauche*) pour la tête=PAREZ.

Page 28. *De la parade en arrière.*

M. Muller commande :

Couvrez-vous en arrière.

ce qui ne peut pas se dire en français.

M. Muller a traduit ici trop littéralement ;
nous voyons bien les mots allemands qu'il n'a
su rendre qu'au moyen de *couvrez-vous ;* nous
avons l'original sous les yeux. Mais si M. Muller
avait pris la peine de lire nos ordonnances, le
règlement du 24 septembre 1811 lui eût fourni
des idées infiniment meilleures, plus analogues
à nos principes, et il aurait commandé : *en arrière* = PARADE, ou *en arrière* = PAREZ.

Il devrait bien nous apprendre aussi comment
on fait pour *ajuster les rênes, quand on regarde
en arrière, levant le sabre à bras tendu, et lais-
sant tomber la lame sur le dos.* Nous savons ce
que dit le règlement étranger, et dans quel chapitre il est recommandé de tenir les rênes ajus-
tées, même de s'accoutumer à les ajuster d'une
seule main. M. Muller s'est donc encore fourvoyé
ici. Cet ajustement de rênes intempestif et point
expliqué, se retrouve souvent dans sa théorie.

Pages 29 et 30. *Parade de l'épaule droite
et gauche.*

M. Muller commande :

> *Couvrez l'épaule gauche.*
> *Couvrez l'épaule droite.*

Tout cela est encore de l'allemand mal traduit.
Que l'on aille dire à nos cavaliers : *couvrez-vous
par ci , couvrez-vous par là*, ils dérouleront
leurs manteaux, et les mettront sur leurs épaules.

Pages 31 et 32.

M. Muller commande :

> *Coup de sabre en arrière en tierce* (ou *en
> quarte*);

et jamais rien qui détermine l'exécution.

Il fallait commander :

> *En arrière en tierce* (ou *en quarte*)═ SABREZ.

Page 33. *Coup de pointe en arrière.*

Il n'y a point ici de commandement.
Mais nous avons ceux du règlement du 24
septembre 1811 : *en arrière ; en arrière à droite*
(ou *à gauche*) ═ POINTEZ.

Page 34 et 35. *Offensive et défensive.*

M. Muller commande :

> *Parade de la tête du cheval à gauche.*
> *Parade de la tête du cheval à droite.*

Tout cela est pris , comme le reste , dans le

règlement autrichien, qui explique bien les mouvemens à exécuter pour garantir la tête du cheval, mais ne donne pas pour cela de commandemens, parce qu'ils seraient superflus, et que l'on ne peut en attacher à chaque mouvement.

Les parades, les coups de sabre et de pointe indiqués par des chiffres dans ces deux pages, sont presque littéralement extraits de la théorie autrichienne.

Page 36. *Offensive et défensive à droite contre les cuirassiers.*

M. Muller commande :

Défense contre un cuirassier à droite.

Et c'est encore un mauvais commandement.

Pourquoi ne s'être pas rapproché davantage du modèle, ou plutôt ne pas l'avoir tout simplement transcrit ? Il y est dit :

Contre cavalerie = offensive et défensive.

Cet allemand-là n'est pas difficile à mettre en français ; il n'y avait qu'un mot à traduire, puisque *cavalerie, offensive et défensive* sont en *français* dans le commandement allemand.

Peu importe qu'il faille se défendre contre un cuirassier, un dragon, un chasseur ou un hussard ; il s'agit ici d'un cavalier armé du sabre. On sait où le cuirassier est vulnérable ; qu'il porte une cuirasse, et que les autres n'en ont pas.

Les pages 37 à 43

Se rapportent toutes à ce malheureux cuirassier.

Les pages 44 à 47

Sont consacrées à la défense contre le lancier.

Ce sont toujours les coups de sabre, les coups de pointe et les parades des théories allemandes plus ou moins défigurées.

Les pages 48 à 59

Contiennent l'offensive et la défensive contre l'infanterie.

M. Muller commande :

Contre l'infanterie à droite.

Offensive et défensive = PARADE.

Le règlement autrichien dit *en bel et bon français*, à l'exception du premier mot, et du dernier.

Contre infanterie = offensive et défensive = PARADE.

On voit qu'il ne faut pas être bien malin pour mettre ces commandemens en français; mais on ne reconnaît guère la nécessité de tout ce verbiage de M. Muller, qui délaie dans douze pages in-4°, ce que son modèle explique plus clairement et en peu de mots. Il est vrai que M. Muller ne remplit pas, à beaucoup près, toutes les pages de son livre, et nous sommes loin de lui en savoir mauvais gré ; mais il aurait cependant bien dû nous dire ce que signifie : « *Donner au cheval les aides de la traverse à gauche, page 48, et à droite*, page 54. Nous avouons que nous n'y avons rien compris, et nous ne croyons pas qu'aucun cavalier français ou étranger y comprenne qnelque chose, même au moyen de l'explication suivante : *c'est-à-dire ouvrir les rênes et la jambe gauche* (ou *droite*), *appuyer la jambe droite* (ou *gauche*) *pour empécher le cheval de ruer, afin de n'étre pas exposé à recevoir des coups de baïonnette.*

Nous n'entendons rien non plus à l'article 3 de la page 54 : « *presser vigoureusement l'encolure du cheval à gauche*, » lorsque l'on chasse la baïonnette avec le dos du sabre.

Les pages 60 et 61

Qui sont les dernières de la théorie, présentent encore deux commandemens de l'espèce de ceux que nous avons souvent signalés. *Finis coronat opus.*

M. Muller commande :

Cavaliers de la droite, portez-vous en avant pour combattre.

Cavaliers de la droite de chaque rang, préparez-vous pour combattre telle division.

Tout le détail de ces combats est infiniment plus clair et mieux ordonné dans les théories allemandes. Les originaux sont toujours préférables aux copies, quelque bonnes qu'elles puissent être, et M. Muller ne nous laisse certainement point dans l'embarras du choix.

Nous ne dirons rien du cavalier perché sur une table pour apprendre à combattre un fantassin. Cette petite jonglerie fort innocente, qui ne fait pas mauvais effet dans une gravure, est une superfluité à joindre à bien d'autres. Du reste, M. Muller ne se plaint nulle part qu'on la lui ait escamotée.

Nous nous sommes abstenus de relever une multitude de fautes purement grammaticales. M. Muller n'étant pas né français, on ne peut lui faire un reproche de ne point savoir notre langue. Mais on se demande, si ce n'est pourquoi il se mêle d'écrire en français et de brocher des théories pour la cavalerie française, du moins comment il ose encore soutenir la singulière prétention de lui en faire adopter une qui est en opposition avec le bon sens, avec les notions les plus vulgaires sur le service, l'instruction et les exercices de cette arme, enfin avec les ordonnances qui la régissent.

INSTRUCTION

POUR

LES FLANQUEURS.

TRADUITE DE L'ALLEMAND,

PAR UN OFFICIER GÉNÉRAL.

AVERTISSEMENT.

L'INSTRUCTION suivante, contenant un grand nombre d'applications des principes de l'escrime à cheval aux exercices des flanqueurs, devait naturellement faire suite aux différentes théories étrangères dont nous avons été dans le cas de publier la traduction.

Si l'escrime à cheval s'introduit définitivement dans la cavalerie française, ainsi que tout porte à le présumer, il deviendra dès-lors indispensable d'ajouter à l'ordonnance du 1ᵉʳ vendémiaire an XIII un règlement particulier pour cet exercice, comme on y a déjà joint celui du 24 septembre 1811 sur l'exercice et les manœuvres de la lance. Il sera même nécessaire de retoucher à la sixième leçon, en donnant plus de développement aux numéros 301 à 305, qui comprennent la course des têtes; car il ne suffira plus de faire croiser le sabre au milieu de la carrière, puis de porter deux on trois coups d'estoc et de taille.

Les Français n'ont certainement rien, ou du moins bien peu de choses à envier aux étrangers, qui les ont souvent pris pour modèles, et nous ne proposons pas de les copier. Mais il y a du bon partout. Si, d'une part, il convient de se prémunir contre tout ce qui ressemblerait à une imitation de mode, il est sage, d'un autre côté, de ne pas se laisser prévenir contre tout ce qui se fait chez les autres.

La présente instruction, jointe aux extraits de règlemens que nous avons déjà publiés, nous paraît devoir faciliter la rédaction d'une théorie française sur l'escrime à cheval, ainsi que les changemens ou additions à faire à l'ordonnance du 1er vendémiaire an XIII, qui en seront la conséquence. Aussi, en travaillant pour notre défense dans un singulier procès, n'avons-nous pas perdu

de vue que nos traductions pourraient peut-
être avoir un autre genre d'utilité; nous y
avons par conséquent apporté tout le soin
qu'exigeait une besogne ingrate, dont le
mérite ne peut guère consister que dans la
scrupuleuse exactitude avec laquelle nous
nous sommes attachés à rendre des détails
minutieux.

Le mot *caracol*, que l'on trouvera em-
ployé dans l'instruction ci-après, a depuis
long-temps disparu de nos ordonnances, où
il figurait autrefois, notamment dans celles
de Louis XIV. *Les Travaux de Mars* ou
l'Art de la guerre, ouvrage qui a paru en
1691, contiennent un chapitre et une planche sur le *caracol*. Les Allemands qui nous
ont emprunté beaucoup de choses, et même
beaucoup de mots, ont fait de celui-ci *cara-*
colliren qui est à la fois devenu chez eux un
substantif et un verbe. Il est superflu d'ajouter qu'en supprimant le terme, nos ordon-

nances ont infiniment perfectionné le genre
d'exercice auquel il s'appliquait : les étrangers en ont fait autant, sauf le terme qu'ils
ont conservé. Cette courte explication ne nous
a pas paru inutile pour justifier l'emploi d'un
mot depuis long-temps hors d'usage dans nos
ordonnances.

EXTRAIT

DU

REGLEMENT D'INSTRUCTION

POUR

LA CAVALERIE AUTRICHIENNE,

Approuvé et mis à l'ordre de l'armée par S. A. I. et R. l'Archiduc Charles, généralissime, le 15 avril 1806.

Vienne, de l'imprimerie impériale, 1806.

CHAPITRE II. — INSTRUCTION INDIVIDUELLE DU CAVALIER A CHEVAL.

SECTION VII. — INSTRUCTION POUR LES FLANQUEURS DANS LE CARACOL. (Page 170.)

DANS aucune circonstance, même en temps de paix, et bien moins encore en temps de guerre, une troupe de cavalerie ne doit marcher sans avoir une avant-garde, une arrière-garde, et des patrouilles sur les flancs. A la guerre, ces détachemens envoient eux-mêmes au dehors, en flanqueurs et en tirailleurs leurs hommes les plus sûrs, les plus intelligens et les mieux montés; les flanqueurs sont particulièrement destinés à découvrir l'ennemi, à engager le combat avec ses avant-postes, à le harceler dans la poursuite, ou, lorsque l'on est obligé de se retirer devant lui, à l'arrêter et à masquer les mouvemens du corps principal.

C'est pour ce genre de service qu'est rédigée la présente instruction : elle contient tout le détail d'un exercice essentiellement utile et même indispensable, surtout pour la cavalerie légère, c'est-à-dire le *caracol*.

Cet exercice exige que le cavalier soit entièrement maître de tous les mouvemens de son cheval, et ne fasse, pour ainsi dire, qu'un avec lui; qu'il soit parfaitement instruit du maniement des différentes armes, et sache s'en servir avec habileté; enfin, que le cheval ait lui-même les facultés nécessaires.

Ces principes posés, il est évident que le caracol doit être le complément de l'instruction individuelle; il ne faudra donc choisir pour cette leçon que les cavaliers les plus instruits, et les chevaux qui y sont les plus propres; d'où il suit qu'il se passera des années avant que bien des hommes possèdent les qualités requises pour cet exercice.

Si d'un côté il est aussi honorable qu'avantageux pour un commandant d'escadron d'être en mesure de présenter un certain nombre de cavaliers dressés et bien instruits, il serait, d'un autre côté, infiniment préjudiciable au bien du service que l'on perdît de vue l'obligation de ménager les chevaux, et que l'on procédât inconsidérément, avant de s'être assuré de ce que les hommes et les chevaux sont en état de faire.

Tous les chevaux ne sont donc pas propres à cette leçon, il y en a même beaucoup qui ne donneront jamais l'espérance de le devenir, quoiqu'étant d'ailleurs fort bons en troupe. De même aussi, vu la diversité des dispositions naturelles chez les hommes, il s'en trouvera qui, dès la première année, auront acquis la souplesse et la dextérité nécessaires dans ce genre d'exercice, d'autres qui n'y parviendront peut-être qu'à la troisième année, quoiqu'ils aient d'ailleurs l'instruction suffisante pour rendre de bons services dans le rang.

Enfin, il ne faut pas perdre de vue la différence essentielle qui existe entre les diverses espèces d'armes, et leur destination; car il serait insensé de prétendre exiger d'un cuirassier et d'un dragon la souplesse et la légèreté qui conviennent à un chevau-léger, et qui pour le hussard et le hulan doivent être en quelque sorte une seconde nature.

Tout ce qu'il est possible de prescrire dans une instruction, consiste à indiquer en général les moyens d'atteindre le degré de perfection désirable; mais c'est aux chefs à qui le devoir impose l'obligation de s'occuper sans relâche de tout ce qui intéresse le bien de l'état et le service du monarque, qu'appartiendra le mérite de l'exécution, et celui d'en savoir régler l'application de la manière la plus avantageuse.

Les premières leçons préparatoires pour le caracol ont été données à l'homme dans l'école du cavalier à cheval, dans le maniement des armes avec la carabine et le pistolet, ainsi que dans les mouvemens de combat avec le sabre et la lance.

Il s'agit maintenant de lui faire faire l'application pratique des exercices qui lui ont été enseignés, et, autant que possible, de la lui rendre sensible par le moyen de la représentation. A cet effet, on placera à différentes distances des cibles dans la carrière, ainsi que des têtes rembourrées de paille, sur lesquelles on lui apprendra à tirer, à sabrer et à pointer.

La planche ci-jointe représente une carrière disposée à cette intention, et sur laquelle on a tracé les différentes pistes. L'explication suivante contient les mots de rappel que l'on devra employer, afin que l'homme apprenne à saisir l'instant précis où il devra se préparer à l'attaque ou à la défense, et disposer son cheval en conséquence.

Ces mots de rappel, quoique indiqués comme commandemens dans l'explication, sont seulement donnés ici pour établir un certain ordre et faciliter l'instruction; car un flanqueur étant par la nature des choses abandonné à lui-même, doit se régler d'après son jugement et sa propre intelligence. Les termes dont il s'agit ne seront donc jamais employés dans aucune autre circonstance comme commandemens ; mais on se conformera toujours ponctuellement à ceux que prescrivent les ordonnances.

N°. Commande-mens.	Explication de la planche, et détail des mouvemens.
1. MARCHE.	Entrer dans la carrière, et marcher à main droite.
2. CHANGEMENT DE MAIN.	Changer de main par le demi-tour à droite.
3. HALTE. HAUT LA CARA-BINE.	Faire halte, apprêter la carabine, conformément aux principes du maniement des armes, et sans précipitation faire feu sur la cible *A*. Si le cheval s'effraie, il ne faut, ni l'éperonner, ni le tracasser, mais tâcher de le calmer en employant les moyens indiqués par le règlement. Après le coup de feu que l'on tâchera de bien ajuster, laisser tomber la carabine, sans remettre le chien au repos ; tirer vivement le sabre, et se mettre à la *parade*.
4. AU GALOP.	Partir sur place au galop sans s'animer, en se tenant toujours à la *parade*, et à 6 ou 8 pas environ du premier coin où est la cible.
5. AU PAS.	Se remettre au pas, s'arrêter un instant, porter *les trois premiers coups d'attaque et un coup de pointe* contre la cible *A*, qui, ainsi que toutes les têtes placées

<table>
<tr><td>N^{os}. Commande-
mens:</td><td>Explication de la planche, et détail des mouvemens.</td></tr>
</table>

	Explication de la planche, et détail des mouvemens.

dans la carrière, représente un ennemi. Après le coup de pointe, et en dirigeant le cheval à gauche, exécuter promptement une *parade en arrière à droite*, ou plutôt une *parade de côté*, après quoi, porter le sabre, et continuer à marcher au pas jusqu'à l'autre coin.

6. CHANGEMENT DE MAIN. Changer de main par le demi-tour à gauche et à vingt pas environ du coin;

7. AU TROT.
8. GRAND CERCLE. Prendre le trot en décrivant le grand cercle autour de la tête n° 11, placée au centre, le cavalier tenant les yeux constamment fixés sur son ennemi.

9. PRENEZ LE PIS- TOLET. En parcourant la première moitié du cercle, laisser tomber le sabre, saisir le pistolet gauche, l'apprêter, étendre le bras pour tenir l'arme loin de soi, afin que le sabre pendu au poignet ne puisse blesser le cheval; continuer ainsi au trot, s'arrêter court, viser juste, faire feu sans se presser, sur la tête n° 11, remettre promptement le pistolet

N^{os}. Commande-mens.	Explication de la planche, et détail des mouvemens.

Explication de la planche, et détail des mouvemens.

dans la fonte, saisir vivement le sabre pour former un peu en dedans la *parade de droite,* achever la volte au trot; et, après quelques pas, porter le sabre.

10. Changement de main. — Changer de main, dans la volte au trot, par le demi-tour à droite.

11. Prenez le pistolet. — Vers la moitié du cercle, prendre le pistolet droit, l'apprêter ainsi qu'il a été dit; ajuster à gauche, en dedans du cercle; s'arrêter un instant, faire feu sur la tête n° II, et continuer le tour au trot; alors remettre le pistolet dans la fonte, et ressaisir le sabre.

12. Changement de main. — Changer de main par le demi-tour à gauche, en décrivant le cercle autour de la tête.

13. En — avant. — S'en éloigner pour se diriger sur la tête n° I. 15 à 20 pas avant d'y arriver, se mettre à la *parade,* sabrer sur cette tête *le sixième des coups de sabre individuels,* revenir à la *parade;* quelques pas plus loin porter le sabre.

14. Parade.

Nᵒˢ. Commande-mens.	Explication de la planche, et détail des mouvemens.
15. AU PAS.	Se remettre au pas; bientôt après, ayant dépassé le coin;
16. AU TROT.	Reprendre le trot;
17. AU GALOP.	Et presque aussitôt partir au galop; En approchant à environ dix pas de la tête n° III;
18. PARADE.	Se mettre à la *parade*, faire, devant cette tête placée à gauche, un temps d'arrêt, et, se jetant un peu à gauche, lui porter le *cinquième coup de sabre*. Aussitôt après, *parade en arrière à droite*, et par un mouvement opportun du corps, éviter la tête n° IV, ou parer son coup de sabre.
19. AU PAS. CHARGEZ LE PISTOLET.	Ensuite reprendre le pas ou le petit trot, en laissant tomber le sabre, prendre le pistolet gauche et le recharger en marchant, avec les précautions suivantes: Saisir le pistolet de la main droite, le placer dans celle qui tient les rênes, en le serrant étroitement près du ressort de batterie, pour qu'il ne soit pas dérangé par le mouvement qui

<table>
<tr><td>

</td><td>

*Explication de la planche, et
détail des mouvemens.*

</td></tr>
</table>

Explication de la planche, et détail des mouvemens.

gênerait le cavalier pour amor-
cer.

Afin de pouvoir charger plus
facilement, serrer les coudes au
corps; déchirer la cartouche jusqu'à la poudre, et, en amor-
çant, l'approcher tout contre le
bassinet, parce qu'en tenant la
main trop haute, la poudre serait emportée par le vent, ce
qui causerait du retard; tourner de suite le pistolet avec la
main droite, en faisant couler
la gauche jusqu'au bout du ca-
non, où l'on introduira la cartouche que l'on videra com-
plètement, et bourrer avec force
en tenant la baguette à pleine
main.

Le cavalier chargeant son arme au trot, et à bien plus forte
raison au pas, fera en sorte de
l'avoir apprêtée, et de pouvoir
faire feu en arrivant au n° 20,
marqué sur la planche.

Partir au galop, le pistolet
armé, dépasser les deux coins
du petit côté de la carrière; et

N^{os}. Commande- mens.	Explication de la planche, et détail des mouvemens.

...enfin, à 20 ou 25 pas de la tête n° IV;

21. HALTE.
FEU.
Arrêter court, et faire feu sur elle. Supposant que l'ennemi a été manqué ou seulement blessé, remettre promptement le pistolet dans la fonte, saisir le sabre,

22. PARADE.
le ramener à la *parade*, partir sur place au galop, porter le *sixième coup de sabre* sur la tête n° IV, se remettre de nouveau à la *parade*.

23. GRAND CERCLE.
Décrire le grand cercle autour de la tête n° II. Ici, et par une grande volte au galop, se diriger subitement sur le point central, abattre la tête n° II par le *sixième coup de sabre*, reve-

24. PARADE.
nir encore à la *parade*, tourner à droite et regagner le mur en portant le sabre.

25. MARCHE.
Se mettre à la *parade*, allonger le galop, et en étendant le bras, enlever ou culbuter d'un *coup de pointe* la tête n° I.

26. AU PAS.
Se remettre au pas pour laisser le cheval souffler et reprendre haleine à une certaine distance de l'ennemi.

Nos.	Commande- mens.	Explication de la planche, etc.
27.	CHANGEMENT DE MAIN.	Au second coin et par un demi-tour à droite, au pas, changer de main.
28.	CHANGEMENT DE MAIN.	A l'autre coin faire demi-tour à gauche, de suite partir du pas
29.	AU GALOP.	au galop, et aussitôt après avoir tourné.
30.	CHARGEZ.	Charger en rapportant vivement le sabre à la position de la *parade*, le corps bien en avant et à gauche; *sabrer* d'abord *le cinquième coup* sur la tête n° III; puis sur la tête n° IV, *le sixième coup de sabre en arrière*, en retirant le corps; revenir à la *parade*, et quelques pas avant d'arriver au coin, se remettre au pas, et ensuite faire halte.
31.	AU PAS.	
32.	HALTE.	Après quoi, et au commandement:

Garde à vous.

Maniement individuel du sabre, contre plusieurs cavaliers.

On exécutera les huit coups de sabre et de pointe prescrits.

Finalement on s'alignera, et au commandement MARCHE, on sortira de la carrière, on remettra le sabre, et on mettra pied à terre.

Dans ces différentes voltes on a soigneusement évité les changemens de main trop courts au galop, parce qu'ils exigent une perfection toute particulière du cavalier et de son cheval : néanmoins le commandant, d'après la connaissance qu'il doit avoir de l'habileté de ses hommes, et des qualités de leurs chevaux, peut quelquefois les essayer, en faisant au numéro 5 continuer le premier temps de galop ; au numéro 6 changer de main par le demi-tour à gauche dans la même allure, et au numéro 7 prendre le petit trot. De même on peut aussi, après le changement de main au numéro 27, partir au galop à gauche ; au numéro 28, changer de main par le demi-tour à gauche, et continuer ainsi au galop jusqu'à la charge.

Dans les commencemens, cette leçon ne sera jamais exécutée toute entière, et ne le sera même qu'au pas. Plus tard on la donnera complète, et enfin, sans le secours des mots de rappel, elle pourra alors durer au plus 8 à 10 minutes.

Il faut avoir une attention particulière à ce que le cavalier ne se tienne pas en selle avec roideur, à ce qu'il apprenne au contraire à ployer son corps à tous les mouvemens, qu'il tienne avec aisance son cheval dans la main, et si le cheval cherchait à la gagner, qu'il tâche de le calmer en faisant jouer l'articulation du poignet. Enfin on veillera à ce que le cavalier tienne les yeux constamment fixés sur l'ennemi.

D'après l'instruction qui vient d'être décrite, et l'application qui en a été faite à un flanqueur dans la carrière, le cavalier n'aura pas de peine à comprendre qu'il est tout-à-fait libre d'employer dans une escarmouche sa carabine ou ses pistolets, le sabre ou la lance, selon qu'il trouvera plus d'avantage à se servir de l'une ou de l'autre de ces armes, et qu'il croira faire le plus de mal à l'ennemi.

Il est superflu d'ajouter que les hulans peuvent aussi appliquer à ces exercices le maniement de la lance : par exemple, au numéro 3, au lieu de prendre la carabine, on croisera la lance ; au numéro 9, on la saisira promptement dans la main gauche, et on fera feu du pistolet ; il en sera de même au numéro 11. Au numéro 12, on peut, dans la reprise au trot, passer la lance au bras gauche, mettre vivement le sabre à la main, et après avoir au numéro 24 sabré et abattu la tête numéro II, remettre aussitôt le sabre dans le fourreau, reprendre pendant le galop la lance dans la main droite, la croiser au numéro 25, pointer et renverser la tête numéro I ; ensuite se remettant au pas du numéro 26 au numéro 29, repasser la lance au bras gauche, et tirer de nouveau le sabre.

Comme devant l'ennemi les armes à feu ne s'emploient qu'individuellement, il est impossible de prescrire que l'on doit recharger de suite l'arme qui a fait feu, ou prendre celle qui est

chargée ; cela dépend uniquement des circons-
tances ; cependant il faut recommander au cavalier de faire en sorte d'avoir toujours ses armes
chargées, et par conséquent de saisir sans retard
toutes les occasions où il peut les charger sans
inconvénient.

Le cavalier doit tâcher d'acquérir une certaine
dextérité de la main gauche, pour allonger ou
raccourcir ses rênes au besoin, en baissant ou re-
montant avec le petit doigt le bouton coulant ;
mais aussitôt qu'il aura la main droite libre, il
les ajustera souvent, pour les tenir égales et s'assurer de leur effet.

Les courtes carabines des hussards et des hulans sont également propres à être mises en joue
d'une seule main, et on peut s'en servir ainsi au
besoin ; cependant il faut toujours appuyer la
crosse à l'épaule droite, afin d'assurer d'autant
plus le coup. Comme le cavalier ne doit jamais
tirer en l'air, mais au contraire faire en sorte que
son coup de feu produise tout l'effet qu'il peut
en attendre, il arrive souvent qu'après avoir mis
en joue, il redresse son arme ou même la replace
en son lieu ; dans ce cas, il ne doit jamais négli-
ger de mettre avec précaution le chien au
repos.

On a déjà expliqué à la fin de l'instruction sur
les mouvemens de combat avec la lance, comment le hulan doit se servir de cette arme dans

une mêlée, soit contre la cavalerie, soit contre l'infanterie.

On ajoutera de plus ici, qu'après s'être parfaitement assuré de la dextérité des cavaliers et de leur aptitude aux exercices des flanqueurs exécutés dans la carrière, on pourra, à la fin, exercer au caracol, les uns contre les autres, des hommes bien dressés et bien montés, afin qu'ils apprennent à escarmoucher individuellement contre l'ennemi, et réciproquement à s'attaquer et à se défendre.

Dans ce but, on choisira un espace libre, où l'on placera vis-à-vis l'un de l'autre deux cavaliers armés, l'un du sabre, l'autre de la lance. Le premier marchera en avant poursuivi par le second, qui cherchera à lui porter un coup de lance du côté droit ou du côté gauche. Le cavalier armé du sabre se défendra tout en marchant, et cherchera à parer les coups de pointe qui lui seront portés. Lorsque le lancier le serrera de trop près, il tournera brusquement son cheval à droite, et tâchera, en le poussant droit en avant, d'éviter le coup de lance. Il en agira de même pour l'esquiver à gauche, regardant toujours en arrière, afin de pouvoir, soit au moyen des mouvemens prompts et opportuns qu'il fera faire à son cheval, soit avec son sabre, éviter ou parer les coups de lance.

Lorsque le lancier, éloigné de quinze à vingt pas de son ennemi, voudra faire feu sur lui, il

passera promptement sa lance de la main droite
dans la main gauche, saisira le pistolet, et tirera.
Aussitôt le coup parti, le cavalier armé du sabre
fera volte-face, piquera des deux, et chargera
son adversaire, qu'il doit, après le coup de feu,
supposer sans défense, jusqu'à ce qu'il ait remis
son pistolet dans la fonte, et repris sa lance, ou
mis le sabre à la main.

Le lancier se retirera ensuite, et le cavalier
armé du sabre l'attaquera tantôt à droite, tantôt
à gauche, selon qu'il y verra plus d'avantage.
Il s'entend que celui qui aura fait feu du pistolet
le remettra dans la fonte aussi promptement que
possible, et présentera la pointe du sabre ou de
la lance à l'ennemi arrivant sur lui.

On fera ainsi alterner les cavaliers, afin de les
rendre habiles dans le combat, tant avec le sabre
qu'avec la lance, et qu'ils apprennent à se tirer
d'affaire en toute circonstance.

Outre le choix judicieux qu'il a été recommandé de faire des hommes et des chevaux, on
aura soin que ces exercices de flanqueurs aient
toujours lieu en présence des officiers et sous
leur surveillance, qu'on les exécute, pas trop
souvent, et avec tous les ménagemens qu'exige la
conservation des chevaux, comme aussi en pre-
nant toutes les précautions possibles pour éviter
les accidens. On fixera dans les escadrons les
jours destinés à ces exercices, que l'on considé-
rera plutôt comme un amusement militaire

propre à mettre en évidence l'adresse d'un certain nombre d'hommes de choix; on ordonnera que tout le reste de la troupe y assiste, autant pour son instruction que pour y puiser une utile émulation.

Il sera aussi digne d'éloges qu'avantageux, que les officiers et sous-officiers se distinguent par une habileté particulière; que là, comme dans toutes les autres parties du service, ils donnent eux-mêmes l'exemple, et servent de modèles à leurs subordonnés.

Paris. — Imprimerie de Demonville, rue Christine, n° 2.

ERRATA.

Page 8 de la Réfutation.

Articles de l'Ins-
truction de 1824.

Page 1, article 2 : *lisez* article 1, et *reportez-le* à la page 9 de
la Réfutation.

Article 5, page 3 : *lisez* page 1, article 2.
Article 6, page 3 : *lisez* articles 5 et 6.

uns des autres, et inclinés à leur sommet. — [*Bromus pendulus, - arvensis, - dumetorum. Holcus halepensis. Avena fatua, - sativa. Yucca gloriosa.* etc.].

DIVARIQUÉE, *divaricata*. — Les ramifications s'écartent les unes des autres dans tous les sens, en formant des angles très-ouverts. — [*Juncus pilosus, - sylvaticus. Polygonum divaricatum. Prenanthes muralis. Gypsophila paniculata.* etc.].

ÉTALÉE, *patula*. — Quand les pédoncules secondaires sont très-ouverts sans être inclinés. — [*Iresine celosioïdes. Prenanthes muralis.* etc.].

PYRAMIDALE, *pyramidalis* [Pl. 2, fig. 1. — Pl. 6, fig. 2.]. — Quand la panicule se rétrécit de la base au sommet en forme de pyramide ou de girandole. — [*Yucca. Agave.* etc.].

SERRÉE, *coarctata*. — [Quand les ramifications sont dressées et serrées contre l'axe. — [*Arundo epigeios. Hypericum montanum.* etc.].

FEUILLÉE, *foliata*. — Si les ramifications sont entremêlées de feuilles. — [*Rumex oppositifolius. Rheum undulatum.* etc.].

THYRSE, *Thyrsus* [Pl. 28, fig. 4.] — Panicule serrée, de forme ovale. — Le *Syringa vulgaris*, le *Ligustrum vulgare*, l'*Æsculus hippocastanum*, le *Vitis vinifera* en fournissent des exemples. Il n'offre aucune modification notable. *Voy.* page 280.

CORYMBE, *Corymbus*. — Le Pédoncule commun porte des Pédoncules secondaires qui, partant de points différens, élèvent les Fleurs à-peu-près à la même hauteur. *Voy.* page 280.

SIMPLE, *simplex*. — Quand les pédicelles partent immédiatement du pédoncule commun. — [*Scilla bifolia. Kalmia. Ledum. Iberis umbellata, - carnosa. Cardamine pratensis.* etc.].

RAMEUX, *ramosus* [Pl. 28, fig. 2.]. — Quand le pédoncule commun se divise en pédoncules secondaires, tertiaires, etc. — [*Achillea crithmifolia.* etc.].

SERRÉ, *coarctatus*. — Lorsque les pédoncules sont redressés et rapprochés les uns des autres. — [*Achillea millefolium, - age-*